ÉTUDES

ET

RÉFORMES DE LÉGISLATION.

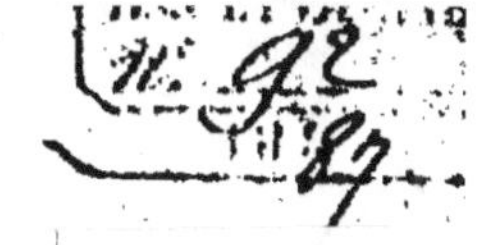

DES OFFICES:

DE L'ABOLITION DE LEUR VÉNALITÉ, ET DE LEUR RACHAT,

DE LA SUPPRESSION DES FRAIS DE JUSTICE,

VOIES ET MOYENS FINANCIERS POUR Y PARVENIR SANS CHARGE POUR LE TRÉSOR PUBLIC,

PAR

RAOUL DE LA GRASSERIE,

Docteur en Droit.

RENNES,
Imprimerie E. BARAISE ET Cⁱᵉ, place Saint-Michel, 7.

1881.

ÉTUDES

ET

RÉFORMES DE LÉGISLATION.

DES OFFICES:

DE L'ABOLITION DE LEUR VÉNALITÉ, ET DE LEUR RACHAT,

DE LA SUPPRESSION DES FRAIS DE JUSTICE,

VOIES ET MOYENS FINANCIERS POUR Y PARVENIR SANS CHARGE POUR LE TRÉSOR PUBLIC,

PAR

RAOUL DE LA GRASSERIE,

Docteur en Droit.

RENNES,

Imprimerie E. BARAISE ET Cie, place Saint-Michel, 7.

1887.

ÉTUDES

ET

RÉFORMES DE LÉGISLATION.

DE L'ABOLITION DE LA VÉNALITÉ DES OFFICES, ET DE LEUR RACHAT,

DE LA SUPPRESSION DES FRAIS DE JUSTICE,

VOIES ET MOYENS FINANCIERS POUR Y PARVENIR SANS CHARGE POUR LE TRÉSOR PUBLIC.

S'il est une réforme nécessaire en elle-même, et mûre dans l'opinion publique, c'est celle de la Procédure, surtout de la *Procédure Civile*, afin de lui donner la *célérité*, la *simplicité* et l'*économie* qui lui manquent, surtout l'économie ; les esprits les moins novateurs le reconnaissent eux-mêmes, mais les plus hardis avouent aussi qu'on se heurtera à chaque instant dans cette œuvre à des intérêts puissants, à des droits acquis, ceux des nombreux officiers publics qui concourent de près ou de loin à l'administration de la justice contentieuse et de la justice amiable, et qui sont : 1° les avoués, 2° les huissiers, 3° les greffiers, 4° les notaires, 5° les commissaires-priseurs, 6° les agents de change, 7° les avocats à la Cour de cassation et au Conseil d'Etat, lesquels ne sont que des avoués plaidants.

S'agit-il de supprimer un acte coûteux, inutile, mais fréquent, ils sont lésés chaque fois qu'on dégrève le justiciable ; s'agit-il de réformer une procédure entière, c'est leur existence même qui devient en question. Le fisc est d'ailleurs solidaire de ces intérêts ; chaque acte inutile supprimé, c'est pour lui une ressource qui tarit, et l'acte est maintenu et semble se justifier par tous les frais qu'il entraîne ; plus il est onéreux, plus il résiste.

Aussi les meilleures réformes en principe tombent-elles en pratique, parce qu'on a voulu commencer par où l'on ne devait que finir, par vouloir transformer une procédure que le monopole accordé aux officiers ministériels et autres, et la vénalité de leurs charges, a rendu en fait incommutable. Aux meilleures lois de ce genre, on fait cette objection invincible : c'est une loi d'expropriation contre des officiers ministériels ; il faut d'abord les payer, avec quoi les paierez-vous ?

La grande *question judiciaire* se convertit en *question budgétaire.*

Dès lors, elle devient insoluble.

En effet, il est impossible, dans l'état actuel, de demander au Trésor public la somme énorme des millions qui seraient nécessaires, et cette impossibilité durera très-longtemps.

Tellement que certains esprits voulant énergiquement le but, mais repoussés par l'impraticabilité du moyen, vont jusqu'à proposer la suppression sans indemnité, la *confiscation,* soit pure et simple, soit déguisée. Dans le conflit entre l'intérêt social et l'intérêt individuel, ils sacrifient complétement celui-ci.

Tel ne saurait être notre avis. Nous ne pouvons discuter ici cette solution, mais son iniquité est évidente.

Les officiers ministériels ont acquis leurs charges sous la protection de la loi et celle de l'administration qui fixe elle-même le maximum de chaque prix; ils ne doivent pas perdre ce prix, qu'ils ont déboursé; autrement, la collectivité s'enrichirait à leurs dépens.

Mais tous les officiers ministériels, dont les charges sont vénales depuis la loi de 1816, doivent-ils disparaître, ou n'y a-t-il pas lieu d'en conserver quelques-uns? D'autre côté, au moyen de quelles ressources une indemnité leur sera-t-elle payée? Enfin comment suppléera-t-on à la diminution de recettes qui résultera pour le Trésor public, soit de la gratuité entière de la justice, soit de la diminution de ses frais produite par la suppression des actes inutiles de procédure?

Le premier de ces points est essentiel, mais nous n'indiquerons cependant que d'une manière très-sommaire pourquoi la vénalité de tous les offices doit disparaître, et pourquoi aussi, dans certains cas, la fonction elle-même devra disparaître avec l'office, notre but principal étant de rechercher le moyen de les racheter, sans que le Trésor public y contribue ni en souffre, non plus que de la diminution d'impôts qui en est la conséquence.

La présente étude comprendra ainsi trois parties : 1° motifs de la suppression de la vénalité; 2° voies et moyens de rachat des offices; 3° voies et moyens d'établissement de la justice gratuite.

1ᵉⁿⁱ. — Motifs de la suppression de la vénalité des offices. — Survivance ou extinction des fonctions elles-mêmes.

Nous répartissons les offices en trois groupes : 1° offices qui doivent disparaître, la fonction survivant et devant être confiée à des fonctionnaires de l'Etat ; 2° offices auxquels la fonction, profondément modifiée, devra survivre et être exercée par de simples particuliers présentant des garanties légales, mais sans monopoles, et 3° offices auxquels la fonction ne survivra pas.

PREMIER GROUPE. — Il comprend les offices de *notaires*, de *greffiers*, de *commissaires-priseurs*, d'*agents de chang*.

I. — Le *notaire* est le plus important de ces officiers, mais concourt de beaucoup plus loin que ceux des groupes suivants à l'administration de la justice, et on peut objecter, à ce point de vue, qu'il ne serait pas nécessaire d'y toucher. Cela est vrai dans une certaine mesure, mais d'autres motifs, les suivants, exigent impérieusement l'abolition de la vénalité de son office :

1° Une fonction publique ne doit pas être dans le commerce ; la propriété d'une fonction, sa transmission moyennant un prix, sont des droits contre le droit, des droits contraires à la morale. En vain prétend-on que ce n'est pas la fonction, mais l'émolument de cette fonction qui est dans le commerce ; une telle distinction, précieuse pour le style administratif, est un pur jeu de mots.

2° Les notaires se livrent entre eux, par la force même des choses, à une concurrence effrénée, quand même elle reste loyale, recherchent et sollicitent les affaires et les clients, par l'intermédiaire de courtiers, par l'abaissement des tarifs, par l'instrumentation hors leur résidence, ce qui avilit la fonction publique ; cette concurrence ne convient pas à cette fonction ; elle est, d'ailleurs, aggravée par le monopole, tandis que dans le commerce où elle est naturelle, elle est rendue moins ardente et surtout moins personnelle par la liberté absolue des professions.

3° Par contre, les notaires, pour se récupérer du prix de leur office, lequel leur coûte fort cher, et au moyen de contre-lettres passées en usage, bien au-delà du prix apparent ou fixé par la chancellerie, sont portés à exagérer les honoraires et faux frais; la taxe d'office qui tempère les abus, en ce qui concerne les officiers ministériels, ne se fait pour les actes de notaire que sur réquisition, et rarement.

4° Presque jamais les notaires ne se cantonnent dans leurs fonctions proprement dites qui consistent à donner l'authenticité aux actes; ils se font tantôt les mandataires des parties, tantôt les intermédiaires entre elles, surtout en ce qui concerne les placements de fonds. De là à emprunter directement et pour leur propre compte la pente est rapide, et lorsqu'ils ont accumulé les fonds entre leurs mains, ils en cherchent le placement très-fructueux, et par conséquent aléatoire à leur propre profit; en un mot, le notaire se transforme dans l'état actuel en notaire-banquier.

5° La propriété de l'office est précaire, et on sort du droit à chaque instant, dans sa réglementation soit au profit du titulaire, soit contre lui. C'est ainsi que son inamovibilité le met au-dessus des poursuites des créanciers, qui ne peuvent faire vendre l'office pour se payer, et que d'autre côté, il ne peut céder librement; le prix doit être révisé par la chancellerie, qui l'abaisse notablement; bien plus, en cas de destitution, il est, en pur droit au moins, déchu de cette propriété.

Sans doute, la plupart des notaires sont honorables, et il faut qu'ils le soient beaucoup pour résister aux inconvénients d'une telle situation et ne pas se laisser entraîner par ses conséquences logiques. Cependant les malversations sont assez fréquentes pour attirer l'attention, et ne peuvent que se multiplier par la faute plus encore des choses que des hommes.

II. — *Les greffiers* ne peuvent, il est vrai, ni exercer une concurrence vis-à-vis de leurs collègues, ni être entraînés par leurs fonctions à des placements hasardeux ou à des jeux de Bourse, et ils suivent des tarifs légaux.

Mais 1° la propriété de leur charge fait obstacle à ce que le législateur introduise des réformes de procédure qui pourraient les léser;

2° Le seul motif qu'on puisse alléguer en faveur de la vénalité des offices, à savoir que le produit de la charge dépend en partie de la capacité et de l'activité du titulaire, fait ici défaut; les produits ne peuvent être ni diminués ni augmentés par le greffier. La réalité est que la vénalité du greffe a été établie par réminiscence de celle des offices de judicature.

III. — Le *commissaire-priseur* est chargé seulement des estimations dans les inventaires et des ventes de meubles aux enchères; aucune capacité topique n'est exigée de lui pour entrer en charge, l'honorabilité lui suffit; ce n'est pas assez. Dans de telles conditions, la concurrence serait bien plus grande encore entre eux qu'entre les autres officiers ministériels, si l'institution de la bourse commune n'y avait mis un frein. Mais cette institution même enlève la raison d'être de la vénalité qui se fonde précisément sur le fait de la concurrence. En dernière analyse, le commissaire-priseur est un spécialiste, un expert qui, d'après les règles de son institution, est dépourvu de toutes les qualités du spécialiste, puisqu'il suffit d'acheter la charge pour l'exercer. Il est doublé d'un expert et d'un crieur dont l'un accomplit la partie intellectuelle de la profession, l'autre la partie matérielle; que lui reste-t-il à lui-même? Seulement payer sa charge et ne pas malverser. En outre, la loi lui fait concurrence au moyen de l'huissier, du greffier de paix, du notaire, et le défait en détail, après l'avoir créé par système. Il doit donc disparaître, mais sa fonction doit rester, parce qu'il importe qu'elle soit remplie par une personne consciencieuse, experte, et qu'il s'agit d'ailleurs de conférer l'authenticité dans une certaine mesure, ce qui ne peut être concédé à des personnes privées.

IV.—Il en est de même de *l'agent de change*. Cet officier, très-important, achète pour un prix énorme une charge que la loi a dû lui permettre d'exploiter en association; c'est mettre la fonction publique en actions, ce qui aggrave beaucoup sa vénalité et abaisse celle-ci d'un degré de plus; il ne peut soutenir sa situation et celle des bailleurs de fonds, en apparence, que par une concurrence très-vive, dans la vérité vraie, que par les émoluments d'opérations faites à découvert ou par des jeux personnels de Bourse. Il aide ainsi puissamment à la démoralisation financière qui initie à toutes les autres. Tous ces inconvénients sont dus à la vénalité, et si la vente à terme fictive n'a pu être empêchée, telle en est la cause. Mais la fonction doit encore survivre à l'office, car il importe que les opérations sérieuses puissent se faire par des intermédiaires dont l'Etat garantisse l'honnêteté, c'est-à-dire par des fonctionnaires publics, et non par des particuliers véreux ou insolvables.

DEUXIÈME GROUPE. — Il comprend l'*avoué* et l'*avocat à la Cour de cassation,* qui n'est qu'un avocat-avoué.

C'est la vénalité de l'office d'avoué, bien plus que celle de tous autres, qui est un obstacle à la réforme de la procédure. Je n'en veux citer qu'un seul exemple. Une procédure incontestablement inutile, et cependant la plus coûteuse de toutes, est celle du partage et de la licitation judiciaires ; en même temps, elle déprécie souvent les immeubles à vendre, en déplaçant le lieu naturel de la vente. Toutes les fois que ces opérations n'entraînent pas de contestation, elles devraient se faire, sans autres frais que ceux de publicité, devant le notaire de la situation des biens, sous la surveillance du juge-de-paix. Il devrait en être de même des ventes après saisies. Eh bien ! si une réforme si nécessaire était décrétée, les offices d'avoués perdraient immédiatement les trois quarts de leur valeur, et si nous voulions confisquer sans bruit et légalement leur charge jusqu'à concurrence de cette quotité, nous n'aurions qu'à demander de décréter cette mesure ; ce qui resterait ensuite à payer comme indemnité de suppression serait léger pour le Trésor public ; mais nous repoussons un tel déguisement. Nous avons voulu seulement montrer que la vénalité de ces charges est incompatible avec les réformes les plus urgentes.

D'ailleurs, tous les autres inconvénients de la vénalité, signalés plus haut, se retrouvent ici.

La fonction devra survivre à la vénalité, car il est utile que les plaideurs puissent se faire représenter en justice par des hommes capables et honnêtes ; mais il serait peu convenable que ces hommes fussent des fonctionnaires, car il faut, pour devenir mandataire, être investi de la confiance spéciale et absolument libre du client, et d'ailleurs, pour que les frais de représentation s'amoindrissent le plus possible, la libre concurrence est nécessaire. Tout licencié de droit, non frappé d'indignité, pourra donc représenter en justice, ce qui éloignera les hommes d'affaires véreux ou ignorants, sans faire d'autres exclusions.

Il sera possible de cumuler cette représentation avec toute autre profession honnête, et il est désirable que le même remplisse les fonctions d'avoué et celles d'avocat, lesquelles seront libres aussi sous les mêmes conditions ; ce cumul économique se fera d'ailleurs bientôt de lui-même par la force des choses.

L'avocat à la Cour de cassation, qui n'est qu'un avoué plaidant, aura le même sort ; la vénalité de sa charge sera abolie moyennant juste indemnité, et sa fonction conservée deviendra libre sous des conditions de capacité supérieure.

Troisième groupe. — Il comprend l'huissier.

Ici ce n'est pas la vénalité seule qui doit disparaître, c'est aussi la fonction, ou du moins celle-ci doit être tellement transformée qu'on pourra la considérer comme autre.

A cette vénalité se heurtent toutes les réformes de procédure, et quoique l'huissier soit un fonctionnaire modeste et que ses émoluments soient très-divisés, les coûts des exploits pèsent plus lourdement encore sur le justiciable que ceux des actes d'avoués, parce qu'ils sont fixes, c'est-à-dire proportionnels à rebours.

L'intérêt de l'huissier est d'ailleurs de faire des frais répétés, frustratoires, cependant toujours fixes et pesant d'autant plus sur les petites affaires et les petites fortunes ; cependant, s'il agit ainsi, on doit le considérer comme excusable, car les produits de son office ainsi exagérés lui suffisent à peine pour vivre ; la lutte pour l'existence, avec toute son énergie, le fait pressurer inconsciemment le moindre justiciable.

S'agit-il de la plus simple réforme de procédure à faire, c'est la question alimentaire qui se pose pour lui, et l'humanité envers une certaine classe de citoyens pousse le législateur à arrêter l'évolution judiciaire.

La suppression de la vénalité de cet office étant indispensable, que deviendra la fonction elle-même ?

Elle disparaîtra comme inutile ; un fonctionnaire de l'Etat ne remplacera pas ici l'officier ministériel.

Décomposons les fonctions actuelles de l'huissier. Cet officier est chargé : 1° de l'appel des causes, et dans une certaine mesure, de la police de l'audience ; 2° des significations et citations de toutes sortes ; 3° des actes d'exécution :

1° *Appel des causes.* — Cet appel se fera tout aussi bien par le greffier ; pas n'est besoin d'un fonctionnaire spécial pour cela.

Quant à la police de l'audience, elle n'est faite que nominalement par l'huissier. Elle le sera par un agent de la police ou de la force publique partout où cela sera nécessaire.

2° *Significations et citations.* — Ces actes totalisés sont très-coûteux ; leur coût est en moyenne de 6 à 7 fr., sans comprendre l'indemnité de transport. — Ils sont préparés non par l'huissier, mais par l'avoué. — Ils ne contiennent rien, sinon les fixations de jour de comparution et les copies de pièces. Ce qu'ils renferment d'essentiel tiendrait dans un court télégramme.

Quoi de plus simple, comme cela se fait chez d'autres nations, comme cela se pratique en France aux cas d'ordre amiable et de tentative de conciliation en justice-de-paix, de faire adresser tous avertissements et copies de pièces par le greffier au moyen de lettre recommandée à la poste et dont il donnerait copie; le coût de 7 à 11 et 12 fr. descendrait à 50 centimes, en y comprenant une rémunération pour l'envoi. Quant aux *actes du palais,* c'est-à-dire d'avoué signifiés à avoué, outre qu'ils disparaîtront avec celui-ci, ils peuvent sans inconvénients être transmis par la voie du greffe.

3° *Actes d'exécution.* — Il semble *à priori* que le ministère d'huissier est indispensable, car il faut se transporter sur les lieux, saisir, vendre. Rien n'est moins vrai. Décomposons ces opérations :

1° *Commandement de payer.* — Il sera compris dans la signification de l'acte ou du jugement, et notifié comme nous venons de l'établir.

2° *Saisie mobilière.* — Elle consiste dans la description de tous les meubles du débiteur. Or, un fonctionnaire a la spécialité de ces descriptions, puisqu'il les fait après chaque décès. *C'est le notaire.* L'inventaire sera ici un *inventaire forcé,* au lieu d'être un inventaire volontaire, mais c'est toujours un inventaire; le notaire le fera donc avec compétence et sans inconvénients. Il en sera de même de la vente aux enchères qui suit la saisie.

3° *Saisie immobilière.* — Point n'est besoin de se rendre sur les lieux pour décrire imparfaitement l'immeuble. Cet immeuble est tout décrit sur les actes de l'obligation exécutoire et sur le cadastre. Il suffira de déclarer au bureau des hypothèques de la situation des biens qu'on entend saisir. Cette déclaration sera transcrite sur les registres, notifiée au débiteur et au tiers-détenteur par lettre recommandée, et aura tóus les effets de la saisie, qui se trouvera du même coup transcrite.

Quant aux affiches, une loi récente a supprimé l'obligation de les faire apposer par l'huissier avec rédaction d'un procès-verbal très-coûteux et parfaitement inutile, lorsque la vente est au-dessous de 2,000 fr. La même inutilité existe lors même que la vente est supérieure; ce sera au notaire qui devra toujours être chargé de cette vente, de faire apposer ces affiches, comme il le fait, du reste, dans les ventes amiables.

4° *Saisies-arrêts et autres.* — Ces saisies ne consistent même actuellement qu'en une série de notifications et d'interpellations qui pourront être faites par la voie du greffe et par lettres recommandées.

5° *Offres réelles.* — Ici le ministère de l'huissier est indispensable, dit-on, parce qu'il faut se transporter de sa personne, muni des espèces à payer.

Rien de moins nécessaire. Il serait beaucoup plus simple de ne pas faire d'offres ; de commencer par la consignation de la somme dans une caisse publique, consignation dont le préposé à cette caisse préviendrait les intéressés par lettre recommandée ; or, cette consignation, on pourrait la faire soi-même ou par tout mandataire.

L'inutilité de la fonction de l'huissier nous semble donc démontrée; ses attributions démembrées reviendront au greffier, au notaire, à l'administration des postes.

Nous avons fait rapidement notre première démonstration, celle de la nécessité d'abolir la vénalité des offices, et celle de l'avantage de remplacer les officiers ministériels par des fonctionnaires ou de simples particuliers, toutes les fois que la fonction ne devra pas être supprimée ou totalement transformée. Il nous reste à établir comment cette suppression peut s'opérer sans secousse, sans iniquité et sans charge budgétaire. C'est là le point essentiel.

2ᵐᵗ. Voies et moyens du rachat des offices.

Nous voulons que les officiers dépossédés reçoivent une indemnité complète. Nous allons même beaucoup plus loin; nous désirons qu'ils soient indemnisés au delà de ce qui leur serait rigoureusement dû, et qu'on se montre envers eux équitable, et non pas juste seulement.

Voici l'explication de notre pensée. Supposons qu'on paie aux notaires, par exemple, immédiatement toute la valeur de leurs études, quel sera le résultat? La plupart d'entre eux n'auront dans l'intérêt du prix de rachat qui leur sera versé qu'une somme insuffisante pour vivre. Comment la compléteront-ils? par leur travail. Par quel travail? Ils seront, en fait, incapables d'en offrir un lucrativement; ils ont toujours été enfermés dans une spécialité, ce qui atrophie la capacité générale, en augmentant celle spéciale; ils se ont réduits, s'ils ne possèdent pas d'autre fortune, à vivre misérablement. Le législateur ne peut vouloir un tel résultat, inhumain à la fois et dangereux pour la société, car tous les déclassements qui se font dans les individus atteignent celle-ci.

D'autre côté, ce qui éloigne les meilleurs esprits des réformes, c'est que ces réformes, telles qu'on les propose, se font brusquement, sans transitions réelles et en froissant des intérêts ; bien plus, le bon fonctionnement en souffre ; on voit bien la désorganisation avec son trouble, tandis que la vraie réorganisation est éloignée ; les fonctions étaient médiocrement remplies, elles le sont mal.

Eh bien ! c'est ce que nous voulons empêcher. Nous changerions les fonctions, non les fonctionnaires, ce qui donnerait à notre réforme ce cachet d'*impartialité* qui consiste dans l'*impersonnalité*.

Le notaire, par exemple, dont on aurait racheté la charge resterait notaire aussi longtemps qu'il n'aurait pas atteint une limite d'âge raisonnable. Il serait rétribué, bien entendu, comme simple fonctionnaire, et l'excédant de son traitement serait perçu par lui au profit de l'Etat. Nous verrons tout-à-l'heure quel bénéfice résulterait de cette mesure équitable au profit du Trésor public, lors du réglement de l'indemnité.

Quelle serait cette indemnité ?

Elle serait calculée de la même manière que le fait la Chancellerie lorsqu'il s'agit d'une cession d'office ; les officiers ministériels acceptent actuellement cette règle, ils n'auraient donc pas à s'en plaindre ; c'est, du reste, sur le même pied qu'ils ont acheté, et il n'y a pas lieu de tenir compte de la contre-lettre qu'ils auraient consentie en fraude de la loi. Point ne serait besoin d'un jury pour fixer cette indemnité ; il suffirait de capitaliser le revenu moyen des cinq dernières années, ou plus équitablement des dix dernières, en multipliant ce revenu moyen par le chiffre actuellement admis par la Chancellerie pour les cessions.

Avec quelles ressources paierait-on cette somme ?

Le moyen varie suivant que la fonction survit à l'office ou que la fonction elle-même disparaît ; il nous faut donc l'examiner séparément pour chacun de ces offices.

1° OFFICES DE NOTAIRES.

C'est ici que le chiffre total est tellement effrayant que si nous demandions nos ressources au budget de l'Etat, nous n'oserions pas l'envisager.

Mais le moyen que nous proposons est si simple qu'il nous épargne même de recourir à toute statistique, la valeur totale, des offices nous devenant indifférente et le procédé ayant le même résultat, que les prix de rachat nécessaires soient simples ou décuplés.

Voici ce moyen :

Supposons une étude de notaire d'une valeur de 335,000 fr., d'un revenu annuel brut moyen de 50,000 fr. De telles études ne sont pas rares dans nos villes, et tel est bien leur valeur vénale et leur revenu respectifs, puisque la Chancellerie capitalise pour la fixation du prix par environ 6 2/3, admettant que l'étude doit rapporter 15 0/0; la capitalisation est, du reste, la même pour les autres officiers, et ne diffère un peu que pour l'huissier, où elle s'abaisse à 12 0/0 en général.

Le notaire-fonctionnaire, destiné à remplacer le notaire, officier à monopole, pourra remplir les mêmes fonctions moyennant un traitement de 10,000 fr.

Quel sera l'écart ?

Du produit brut de 50,000 fr., il y aura lieu de déduire les frais du matériel et du personnel, que nous évaluons à 5,000 fr. Le net sera donc de 45,000 fr.; en en déduisant le traitement de 10,000 fr., l'Etat recueillera tous les ans un boni de 35,000 fr.

S'il accumule les bonis de chaque année pendant 10 ans, le total s'élèvera à 350,000 fr., et si, au lieu de les accumuler, il les emploie chaque année à l'amortissement du prix de l'étude, en supposant que ce prix n: sera pas productif d'intérêts, le paiement total aura été opéré en un peu moins de dix années.

Mais nous avons pris pour exemples les études les plus productives et les moins nombreuses. Prenons les études d'un produit brut moyen, soit 20,000 fr.; leur valeur est de 132,000 fr. environ.

Admettons que le titulaire ait besoin de conserver un traitement de 10,000 fr., nous pourrons bien au moins le charger sur ce traitement des frais de l'étude. Il reviendra donc à l'État un boni annuel de 10,000 fr. Si ce boni est employé chaque année à amortir le prix de rachat non productif d'intérêts, ce rachat se sera opéré en un peu plus de treize années.

Prenons pour derniers exemples les études rurales peu productives, mais nombreuses, telles qu'il s'en trouve beaucoup dans le centre et le midi de la France, et admettons qu'il y a des produits bruts qui ne s'élèvent qu'à 5,000 fr. Il suffira d'assurer au fonctionnaire un traitement de 2,000 fr., plus 1,000 fr. pour frais de bureau, soit 3,000 fr. Le boni annuel sera donc de 2,000 ; en l'appliquant au paiement du prix de l'office qui serait de 33,000, l'amortissement serait opéré en 16 ans 1/2.

Mais nous avons supposé que le prix ne serait pas productif d'intérêts, et d'autre part, que l'officier ministériel voudrait bien attendre 10, 13 ou 16 ans son paiement, ce qui est contre le droit strict.

C'est ici qu'il faut se rappeler que la mesure d'équité que nous avons recommandée plus haut et qui consiste à ne pas priver les titulaires actuels des fonctions qu'ils exercent peut nous être utile. Nous dirons à *l'officier,* au notaire dépossédé : nous vous paierons immédiatement le prix fixé, si mieux vous n'aimez continuer vos fonctions comme simple fonctionnaire public; dans ce cas, vous n'en auriez pas moins droit à ce paiement, mais il serait retardé, n'aurait lieu qu'au fur et à mesure que chaque excédant des revenus de la charge pourra l'opérer, et ne produirait pas d'intérêts; à vous de choisir, ce qui vous enlève le droit de vous plaindre.

On objectera que le notaire payé seulement par annuités pendant 10, 13 ou 16 ans, perdra en réalité les intérêts pendant ce temps de la partie du prix encore due, ce qui équivaut à la perte totale de ces intérêts pendant 5, 6 ou 8 ans. Cela est vrai, mais il obtiendra par contre : 1° son traitement pendant ce temps, auquel il n'avait aucun droit strict; 2° son traitement même après ce temps, de sorte qu'il aura considérablement gagné dans ce calcul, d'autant plus que pour les petites études, le traitement minimum sera déjà de beaucoup supérieur à l'intérêt du prix.

Ainsi le paiement des indemnités dues se réalisera dans un laps de temps très-court, 10, 13 et 16 ans; l'Etat ne sera obligé de faire aucun emprunt et aucune imposition. Si le notaire veut être payé de suite du prix de son étude, il le sera, mais ne continuera pas ses fonctions qui passeront à un fonctionnaire de l'Etat; ce cas sera très-rare; si, au contraire, il opte pour la continuation de ses fonctions, il touchera son prix sans intérêt, dans un délai que nous avons fixé à un maximum de 16 ans, mais qui, nous le verrons tout-à-l'heure, sera en réalité beaucoup moindre.

En effet, les études les plus considérables, d'après nos calculs, auront achevé leur amortissement au bout de dix années, mais après ce temps, leurs revenus n'auront pas diminué ; le boni revenant à l'Etat sera même plus considérable, puisqu'il n'y aura plus à en déduire la somme prélevée jusque-là pour l'amortissement. C'est ici que vient en œuvre un *nouveau moyen qui activera le rachat.*

On continuera de mettre de côté l'excédant du produit de l'étude sur le traitement fixe alloué au fonctionnaire, et cet excédant sera employé à contribuer à amortir le prix de rachat des études moins considérables, dont l'amortissement par elles-mêmes était plus long ; cet amortissement, qui était de 16 années, ne sera plus guère ainsi que de 11 années, et cet amortissement opéré, les revenus des études de 1re et de 2e classe seront employés à activer l'amortissement du rachat de celles de 3e classe, qui s'opérera ainsi en beaucoup moins de 16 ans.

Du reste, il serait possible, au lieu de laisser chaque office se racheter par lui-même et par lui seul, de faire masse de tous les bonis produits chaque année par toutes les études réunies, c'est-à-dire de l'excédant des revenus nets sur le traitement des fonctionnaires, et d'en former une caisse commune. Avec les ressources de cette caisse, on paierait au bout de la première année les notaires dépossédés qui préféreraient le paiement immédiat à la conservation de leurs fonctions, ainsi que ceux qui auraient atteint la limite d'âge ; puis on tirerait chaque année au sort les prix qui seraient intégralement remboursés, de telle sorte que l'amortissement total pourrait se terminer dans une douzaine d'années environ.

Nous répondons à quelques objections :

1° Le notaire est un officier public qui doit inspirer une confiance spéciale et individuelle aux clients. Que deviendra cette confiance, s'il faut nécessairement s'adresser au fonctionnaire public de sa propre localité, et si, au contraire, on a le droit de choisir, la concurrence entre les notaires renaîtra, chacun d'eux devant chercher à faire le plus d'affaires possible pour augmenter ses remises proportionnelles.

La réponse est simple : chacun pourra choisir son fonctionnaire-notaire, et celui-ci sera préservé de la tentation de concurrence, n'ayant qu'un traitement fixe.

2° Le système d'amortissement proposé repose sur l'admission de la continuation de la perception des honoraires de notaire, tels qu'ils sont fixés actuellement, pendant un certain nombre d'années. Le rachat se trouve mis ainsi à la charge d'une seule génération seulement et le dégrèvement des frais de justice injustement retardé; bien plus, ce rachat est ainsi opéré par une seule classe, celle des citoyens ayant affaire au notaire.

Nous pourrions répondre que tout ne peut se faire à la fois; mais nous avons une réponse plus topique.

Les frais de justice dont la diminution est urgente ne consistent pas dans les honoraires du notaire, au moins dans ses honoraires proportionnels. Ceux-ci sont fixés à 1 0/0, ce qui n'est pas très-sensible pour les payants et ce qui forme un salaire au-dessous duquel ils ne trouveraient aucun mandataire libre. Loin donc de les supprimer, il y aura lieu de les conserver au delà de la période d'amortissement, et de ne diminuer que les honoraires fixes, lesquels sont quelquefois trop lourds pour les petites affaires.

Cette réponse écarte par la même le reste de l'objection; ce ne sont pas des honoraires indûment conservés pendant quelque temps qui serviront au rachat, mais des honoraires rationnels qui doivent être maintenus ensuite.

Il ne faut pas confondre les situations. Ce que nous critiquons dans la vénalité des charges d'avoués, c'est l'augmentation des frais de justice qui en résulte pour le justiciable; ce que nous avons critiqué ici était tout autre chose.

3° On ne crée pas un notaire, pas plus qu'un autre fonctionnaire; c'est le temps, l'expérience, la connaissance du pays qui le font complétement.

C'est précisément pour cela que nous avons projeté une transformation que nous croyons très-sage, et qui consiste à conserver le personnel existant, non plus en qualité d'officiers, il est vrai, mais en qualité de fonctionnaires; il y aura bien peu de notaires actuels à opter pour la cessation de leurs fonctions.

4° Les traitements des notaires de la dernière classe sont peu élevés; pourtant ces fonctions entraînent une grande responsabilité; aussi se présentera-t-il peu de candidats.

L'objection serait vraie si l'avancement n'existait pas dans l'administration nouvelle; mais il sera régulier comme dans les autres; on aura été notaire à la campagne et pour un faible traitement, parce qu'on sait que le traitement augmentera et que la résidence changera.

2° OFFICES DE GREFFIERS.

Le moyen de rachat sera exactement le même; nous avouons cependant qu'une objection se rencontre. L'émolument du greffier est moins considérable que celui du notaire, c'est-à-dire qu'il y a moins d'écart entre l'intérêt du prix d'achat et le produit net. Les charges de greffiers auront donc plus de difficulté à se racheter d'elles-mêmes.

D'autre côté, la réduction des frais de justice viendra considérablement diminuer leurs revenus, et cependant cette réduction est indispensable, puisque c'est précisément notre but.

On peut répondre d'abord que l'émolument ne diffère pas de proportion avec le prix, puisque la Chancellerie fixe le même taux de capitalisation.

Puis, c'est ici qu'il faut avoir recours à notre principe consistant à activer le rachat des charges vénales en y appliquant le produit disponible des autres.

Au bout de douze à quatorze années environ, les charges de notaires se seront rachetées entièrement d'elles-mêmes; cependant les honoraires continueront à être perçus et n'auront plus d'affectation. Quoi de plus simple que de les employer au rachat des autres offices qui, comme ceux de greffiers, ne peuvent se racheter entièrement d'eux-mêmes?

Mais les greffiers attendront-ils que le rachat des offices de notaires soit d'abord opéré? Oui, pour la plupart, à cause de l'option qui leur sera laissée d'être payés immédiatement, en résignant leurs fonctions, ou de ne l'être qu'à terme, en conservant, au contraire, ces fonctions. Ceux qui choisiront le paiement immédiat seront payés sur le fonds commun, formé des bonis des émoluments des offices de greffiers pendant la première année, bonis qui suffiront pour ce paiement restreint. Les autres toucheront leur traitement fixe, ce qui leur tiendra lieu d'intérêts, le traitement avant et après l'amortissement non seulement les dédommageant de ceux-ci, mais leur procurant un salaire rémunérateur de leur travail.

3° OFFICES DE COMMISSAIRES-PRISEURS.

Ces offices sont très-lucratifs; ils se suffiront *pour se racheter eux-mêmes;* les procédés à employer seront ceux indiqués ci-dessus pour ceux des notaires.

Au bout de quelques années, l'amortissement opéré, l'excédant du boni du produit des offices sur le traitement fixe servira à *activer le rachat* de ceux des autres offices qui ne peuvent se racheter entièrement eux-mêmes.

Cependant il faut noter que le tarif de 6 0/0 accordé aux commissaires-priseurs pour les ventes de meubles est exagéré, et que la période d'amortissement terminée, il y aura lieu de le diminuer; mais comme il s'agit d'une procédure volontaire et que ce tarif est passé dans les habitudes, nous proposons de le maintenir transitoirement, tant que l'amortissement n'aura pas été terminé.

4° OFFICES D'AGENTS DE CHANGE.

Le produit annuel de ces offices est énorme; cependant il sera considérablement diminué lorsque la fonction sera confiée à des fonctionnaires publics et qu'il n'y aura plus par leur entremise d'opérations à découvert, de marchés à terme fictifs et de jeux de bourse.

Malgré cette diminution, en employant le procédé que nous avons expliqué ci-dessus, ces offices se rachèteront eux-mêmes très-promptement, et cet amortissement terminé, les bénéfices excédant le traitement fixe pourront servir à activer l'amortissement du prix des autres offices.

Il nous faut examiner maintenant le mode de rachat des offices qui ne doivent plus être désormais confiés à des fonctionnaires publics, mais dont la fonction passera aux mains de particuliers sous certaines garanties, ou disparaîtra. Il s'agit des offices d'avoués et d'huissiers.

Ici, les produits seront d'ailleurs ou profondément atteints, ou annulés au moyen des réformes nécessaires de la procédure, qui les attaqueront directement.

5° OFFICES D'AVOUÉS.

L'avoué est le mandataire judiciaire des justiciables; l'avocat, son conseil et son défenseur; le premier est en nombre limité, possesseur d'un monopole, propriétaire de sa charge; le second est en nombre illimité, sans monopole précis, mais fait partie, en fait, d'une corporation fermée.

Il en résulte une grande gêne pour le justiciable par l'obligation où il est de géminer sa confiance et de doubler les salaires qu'il paie. Les frais de justice déjà si lourds en sont aggravés, la marche des procès retardée.

Il y a donc lieu de réunir les fonctions d'avoués et d'avocats.

Mais on ne doit pas les conférer à des fonctionnaires publics; le secret qui est ici essentiel, la confiance qui ne doit pas être limitée dans son choix, l'abaissement des honoraires qui ne peut résulter que d'une concurrence étendue, exige que ces professions soient entièrement libres sous les seules conditions du grade de licencié en droit et de l'absence d'une situation ou d'antécédents infamants.

Mais alors le système que nous avons mis en œuvre tout-à-l'heure ne pourra donc plus fonctionner.

puisqu'il n'existera plus de produits de fonctions publiques applicables en partie au rachat !

Au contraire, il se retrouve, seulement modifié dans sa mise en pratique par cette circonstance.

Celui qui représentera désormais un justiciable en justice et plaidera pour lui (il faudra exiger que ce soit le même) devra, avant que le jugement soit rendu, verser au Trésor public le dixième de ses honoraires et émoluments.

En effet, l'avocat-avoué libre devra désormais faire taxer, même sans réquisition du client ou de l'adversaire, tous les frais, les honoraires de plaidoirie compris, par le président du tribunal, et ces frais, même les honoraires, au moins pour une certaine portion que le magistrat fixera, seront mis à la charge de l'adversaire perdant son procès.

Nulle expédition du jugement ne pourra être délivrée, que l'avocat-avoué n'ait versé cette somme, tant que l'amortissement du prix de rachat des offices d'avoués n'aura pas été terminé.

Cette charge ne pourra retomber par répercussion sur le justiciable lui-même, puisque les honoraires de plaidoirie et autres auront été taxés.

D'ailleurs, cette ressource ne sera pas la seule ; lorsque l'amortissement de rachat des autres offices sera terminé, les revenus libres en seront employés à activer le rachat des offices d'avoués.

Mais les titulaires actuels seront-ils obligés d'attendre un aussi long délai, et d'ailleurs personnellement que deviendront-ils ?

Ils conserveront le droit d'instrumenter, mais comme ce droit leur deviendra commun avec beaucoup d'autres,

Il faut reconnaître qu'il y aurait là une indemnité dérisoire.

Mais il est facile de parer aux deux inconvénients signalés.

On leur attribuera par préférence à tous autres que les anciens greffiers ou notaires, les fonctions de greffiers et de notaires, lesquelles ont une grande analogie avec les leurs. On pourra aussi les choisir pour juges-de-paix, fonction pour laquelle ils auraient une aptitude spéciale.

Voilà pour ce qu'on ne leur doit pas; voici maintenant pour ce qu'on leur doit.

Le prix de rachat devra être ici productif d'intérêts au taux légal, mais on ne le leur paiera pas immédiatement; mais seulement au fur et à mesure de l'amortissement possible, ce qui ne saurait excéder de 15 à 20 ans. On leur remettrait un titre sur la caisse des amortissements d'offices, garanti par l'Etat, titre qu'ils trouveraient certainement à négocier au pair, s'ils avaient besoin d'un paiement comptant.

Les avocats à la Cour de cassation et au Conseil d'Etat sont exactement dans la même situation, et on les exproprierait par le même moyen.

6° Offices d'huissiers.

La fonction disparaissant avec l'office, notre système de voies et moyens fait ici absolument défaut. Tout ce que faisait l'huissier deviendra l'œuvre à peine salariée du greffier et de l'administration des postes; on n'y saurait trouver des ressources.

D'autre côté, l'huissier, très-modeste fonctionnaire, a besoin de toucher immédiatement le prix qui lui sera alloué.

Par contre, sa démission n'entraînera pas pour lui de déclassement véritable; il se pourvoira donc lui-même directement d'un autre emploi. Cependant il sera équitable de lui en faciliter les moyens. L'huissier a souvent une grande pratique des affaires; il sera admis à plaider et représenter désormais les parties, sans justifier d'un diplôme de licencié. On lui attribuerait les greffes de justices-de-paix au fur et à mesure des vac.nces, en qualité de fonctionnaire, et même dans les villes les greffes de tribunaux; en atttendant ce reclassement, il serait chargé des expertises pour lesquelles il serait apte; enfin, le pouvoir exécutif le placerait dans les rangs de diverses administrations. C'est ainsi qu'aucun intérêt ne serait même indirectement lésé.

Mais comment sortir de cette difficulté de paiement du prix de rachat, sans obérer le Trésor public? Nous avons pris la résolution de ne pas y avoir recours.

Il existe un moyen topique.

Nous expliquerons tout-à-l'heure comment la justice doit devenir entièrement gratuite; les plaideurs n'auraient plus à supporter aucuns frais. C'est à ce système que se rattache le moyen de racheter les charges d'huissiers, ce qui paraît un paradoxe, mais est cependant très-vrai et très-simple.

Que le lecteur attende donc quelques instants notre solution.

Nous croyons avoir victorieusement établi qu'on peut sans aucune charge, ni pour le Trésor, ni pour aucune classe de citoyens, ni pour la génération actuelle exclusivement, payer dans un espace qui ne peut excéder en tout cas vingt ans le prix de rachat de tous les offices.

Mais n'oublions pas que le but principal de la suppression et du rachat est de pouvoir accomplir les réformes de procédure auxquelles le maintien de la vénalité oppose un obstacle insurmontable.

Or, ces réformes de procédure ne s'attaquent pas seulement à la propriété des officiers ministériels, mais aussi au budget de l'Etat, dont elles tarissent les sources en partie.

Sans même que la justice totalement gratuite soit instituée, comme elle devrait l'être, chaque suppression de formalité inutile (et ces formalités sont très-nombreuses) lèse le Trésor, et si elles étaient toutes faites, le budget perdrait complétement son équilibre.

En vain aurions-nous réussi dans les voies et moyens du rachat des offices ; nous n'aurions fait que franchir un obstacle pour en rencontrer un autre plus insurmontable.

D'ailleurs, il faut que la justice soit gratuite ; sans cela on n'obtient que des demi-réformes, des demi-mesures, suffisantes aujourd'hui, insuffisantes demain.

Analysons ce principe de la gratuité de la justice! Que signifie-t-il au juste?

3^{ent}. Voies et moyens pour obtenir la gratuité de la justice.

Doit-on dire qu'il sera permis, sans avoir aucuns frais à payer, d'intenter de mauvaise foi, ou par une légèreté coupable, incessamment des procès, de faire fonctionner ainsi en pure perte une fonction publique importante, et vexer ses concitoyens qu'on n'aurait pas dû déranger?

Nullement ; si tel était le sens de la gratuité de la justice, mieux vaudrait conserver les frais actuels.

Cette gratuité signifie : 1° qu'on ne doit pas être tenu *d'avancer* les frais nécessaires pour faire reconnaître ou défendre son droit; 2° qu'on ne devra pas les supporter, même si l'on succombe, lorsque cet échec provient de l'interprétation d'un texte de loi qu'on pouvait interpréter raisonnablement de plusieurs manières, ou de la difficulté des preuves qu'on a imparfaitement faites, ou d'interprétation de contrats obscurs; 3° que les frais fixes, non proportionnels au montant du litige, et par conséquent proportionnels à rebours, doivent devenir au contraire proportionnels; 4° que les frais de procédure gracieuse, à laquelle la loi oblige dans l'intérêt des incapables, doivent être nuls, parce qu'ils ne sont occasionnés par la faute de personne.

En un mot, les frais : 1° doivent être exactement proportionnels au litige; 2° ne sont dus que s'il y a mauvaise foi, ou faute lourde dans le fait d'avoir intenté le procès; 3° par conséquent, ne doivent pas être calculés par chaque acte de procédure nécessaire, mais sur l'ensemble du litige.

Mais de tels frais ne sont plus des frais; il faut leur donner leur vrai nom, qui est celui-ci : amendes de folle-instance.

Dans tout jugement définitif, le juge devra déclarer si la partie perdante n'a pas agi avec mauvaise foi ou avec une imprudence coupable, et dans ce cas, la condamner à une amende de folle-instance, laquelle ne pourra être moindre du vingtième, ni supérieure au dixième du montant du litige. Cette somme sera recouvrée par la contrainte par corps; elle sera prononcée sans préjudice des dommages-intérêts qui pourront être dus à l'autre partie. Il n'existera plus d'autres frais. Le minimum de cette amende sera fixé à trente francs en justice-de-paix, à cent francs devant les juridictions supérieures.

Le produit de la folle-instance suffira, croyons-nous, à dédommager le Trésor public de ce qu'il perdra par la suppression des frais de justice ; mais si ce produit ne suffisait pas, il serait juste d'élever l'amende de folle-instance à un chiffre convenable pour procurer cette équivalence.

Enfin, si cette élévation devait devenir trop grande, il y aurait lieu de la maintenir au-dessous d'un certain maximum, car les ressources que nous posséderions pour dédommager l'Etat d'une diminution de recettes ne sont pas encore épuisées.

En effet, lorsque les produits des fonctions de notaires, commissaires-priseurs, etc., devenus fonctionnaires au bout de quinze ou vingt ans, seraient parvenus avec leur excédant sur le traitement fixe, à amortir le prix de rachat de toutes les charges, les honoraires pourraient et devraient même continuer à être perçus au profit de l'Etat, qui encaisserait chaque année leur excédant sur le traitement fixe. Ces honoraires, en effet, sont à maintenir, car ils ne sont pas le coût d'une justice contentieuse, mais le salaire de mandataires.

Cette perception indéfinie indemniserait pleinement l'Etat des recettes qui auraient été perdues pendant la période des quinze ou vingt ans de transition.

Mais comme il ne peut attendre cette compensation sans emprunter ou imposer, ce qu'il faut éviter, l'Etat émettrait chaque année pendant cette période des obligations dont le produit le dédommagerait tout de suite de la différence, et qui ne seraient remboursables qu'après cette période sur le produit ultérieur des offices acquis, avec affectation spéciale de ces produits.

Autant les frais de justice qui forment un impôt sur la justice, matière non imposable, sont injustes, autant l'amende de folle-instance, qui est une punition de la mauvaise foi, une véritable amende, serait juste ; ce serait l'assimilation de la mauvaise foi judiciaire et de la vexation à un délit, au chantage dont elle a bien souvent le résultat ; encore ne la punirait-on que de peines pécuniaires. Cette peine serait topique ; le plaideur avait voulu obtenir par fraude des valeurs qu'il savait ne pas lui être dues ; il perdra sur son patrimoine une fraction, un dixième ou un vingtième de cette valeur qu'il avait essayé de s'approprier.

D'autre côté, chaque acte de procédure n'étant plus séparément tarifé, on pourrait élaguer librement tous ceux qui sont inutiles, sans être arrêté par aucune considération budgétaire.

C'est ici que se place le moyen de rachat des offices d'huissiers, que nous avons réservé.

Les salaires d'huissiers forment actuellement les annexes de ce qui revient au Trésor dans les divers actes de procédure. Toutes les fois que le Trésor gagne 8 à 9 fr., l'huissier gagne 1 fr. environ. Eh bien ! nous n'avons qu'à transporter ce système.

Les frais du Trésor étant désormais supprimés et remplacés par une amende de folle-instance proportionnelle non à chaque acte, mais au montant de l'ensemble du litige, l'émolument des huissiers sera remplacé par une amende accessoire à cette amende, et qui sera employée à amortir le prix de rachat de leurs offices.

On percevra accessoirement à l'amende de folle-instance un décime ou deux décimes de cette amende, lesquels seront destinés à cet amortissement, et disparaîtront aussitôt qu'il sera terminé.

Ce ne sera pas le Trésor public qui rachètera les offices d'huissiers, ce ne seront pas les justiciables, ce seront les plaideurs de mauvaise foi seuls, ce qui est justice.

Cette ressource ne sera pas d'ailleurs la seule. Nous avons établi que, lorsque le revenu net des autres offices sera parvenu à amortir le prix de ces offices eux-mêmes, il continuera à être perçu, et servira à activer l'amortissement du rachat des autres offices ; c'est ce qui aura lieu ici, les produits des offices de notaires, lorsque ceux-ci seront amortis, reviendront en aide à l'amortissement des charges d'huissiers ; ce n'est qu'ensuite qu'ils seront affectés à dédommager l'État de la diminution des recettes résultant de l'abolition des frais de justice.

Cette solidarité n'a rien d'injuste, puisqu'il s'agit de produits sur lesquels l'État n'a jamais compté, que le notariat n'est en dernière analyse qu'une justice amiable, et que toutes ces fonctions se meuvent dans le même ordre d'idées, sans quoi la loi de 1816 ne les eût pas enveloppées dans la même faute. Or, la solidarité dans la faute n'entraîne-t-elle pas celle dans la réparation ?

Mais comment l'huissier pourra-t-il être soldé immédiatement, ce dont il a besoin ?

Il suffira de constituer une caisse d'amortissement des charges d'huissier, laquelle, sans posséder aucune ressource actuelle, mais sûre d'encaisser successivement tous les décimes de folle-instance et même d'autres ressources, trouvera dans ce seul élément le crédit nécessaire pour emprunter du public le prix du rachat immédiat. Il en résultera seulement une charge d'intérêts qui ralentira l'amortissement définitif.

Tels sont les voies et moyens de rachat immédiat de tous les offices et d'abolition de leur vénalité, sans aucune charge pour le Trésor, ni pour une classe de citoyens, sans déclassement des fonctionnaires mis en disponibilité, mais aussitôt rétablis dans un sens nouveau, sans compromission d'un service public, en un mot sans aucun des inconvénients dont la crainte a fait conserver jusqu'à ce jour l'institution, disparate avec nos institutions, illogique et immorale, de la vénalité des offices, et ajourner toutes les réformes de procédure comme pratiquement incompatibles.

Du même coup, nous avons découvert les moyens de rendre aussi économiquement, c'est-à-dire gratuitement pour le Trésor, la justice gratuite pour les citoyens, ce qui est l'idéal que tout le monde est d'accord aujourd'hui pour saluer comme idéal, tout en le déclarant impossible en pratique. Eh bien! c'est au fond de cette pratique où nous nous sommes efforcé de descendre aussi profondément que nous l'avons pu, que nous croyons avoir trouvé la vérité, telle qu'on la cherche et telle qu'il la faut, la vérité réalisable. Sans elle, tous les projets d'une réforme de la procédure, si nécessaire pourtant, sont absolument vains; on peut les écrire, même les édicter; on peut démolir et construire, mais pour entrer dans le nouvel édifice, la clef manquera; c'est cette clef que nous avons cru pouvoir offrir au législateur, très-humblement, mais avec la conviction intime que c'est la vraie.

Rennes. — Imprimerie E. Baraise et Cⁱᵉ, place St-Michel, 7.